Nag
nage !

Titre original :
Swim, Polar Bear, Swim!

Publié pour la première fois en 1996
par Scholastic, Ldt.

Loi n° 49-956 du 16 juillet 1949
sur les publications destinées à la jeunesse : septembre 1998.

ISBN 2-266-07310-9
Dépôt légal : septembre 1998.
Imprimé en France par Pollina . 85400 Luçon _ n° 75139 _ A

Joan Stimson

Nage, petite ourse, nage !

Traduit de l'anglais
par Nathalie M. C. Laverroux

Illustrations de Meg Rutherford

POCKET
jeunesse

Étoile Polaire était la petite ourse la plus vive et la plus intelligente de tout l'Arctique.

Elle avait appris à faire des galipettes avant même de se traîner à quatre pattes.

Elle n'arrêtait jamais de poser des questions.

Et le soir, dans son lit, après une première histoire, elle en voulait une autre… et encore une autre.

Grande Ourse, sa maman, avait du mal à la satisfaire. Il lui arrivait même parfois de se plaindre.

Mais cela ne l'empêchait pas de lui répéter chaque soir :
– Tu es le plus merveilleux des oursons et je suis la maman la plus fière du monde !

Quand le printemps arriva, Grande Ourse emmena Étoile Polaire au bord de l'océan.

– Il est grand temps que tu apprennes à nager! lui annonça-t-elle.
La petite ourse plongea une patte dans l'eau.

– Est-ce que c'est profond? s'inquiéta-t-elle. Est-ce que ça glisse? Qu'est-ce que je dois faire avec mes pattes?
– Grimpe sur mon dos, répondit sa maman, je vais te montrer!

Dès que Grande Ourse se mit à nager,
Étoile Polaire se sentit folle de joie.

– Je peux essayer? demanda-t-elle.
Et sans attendre la réponse, elle glissa le long du museau de sa maman et plongea dans l'eau...

Mais aussitôt, Étoile Polaire but la tasse et se mit à suffoquer. Maman la repêcha tout de suite.

La petite ourse avait l'impression d'avoir avalé l'océan tout entier!

Le soir venu, Grande Ourse la consola :
– Ce n'est pas grave, Étoile Polaire. Tu es toujours le plus merveilleux des oursons ! Viens, je vais te raconter une histoire et demain nous essaierons à nouveau.

Le lendemain, Étoile Polaire fut beaucoup moins audacieuse. Elle se cramponna si fort à sa maman qu'elle lui fit mal à la fourrure.

Lorsque la petite ourse se laissa enfin glisser dans l'eau, elle se mit à barboter, affolée.

– Mes pattes s'enfoncent toujours !

Et elle s'agrippa encore plus fort à Grande Ourse.

Le soir, Grande Ourse déclara en bâillant :

– Tu es le plus merveilleux des oursons mais tu m'as fait très mal au dos !

Les jours passaient et la petite ourse était de plus en plus déçue. Elle se demandait si elle saurait nager un jour, et plus elle s'inquiétait, plus elle se sentait malheureuse dans l'eau !

Grande Ourse était déçue, elle aussi. Elle voulait aider son ourson, mais elle ne savait pas comment... Un soir, très fatiguée, elle dit sans réfléchir :

– Oh ! Étoile Polaire, j'aimerais tant que tu saches nager !

Cette nuit-là, Étoile Polaire eut du mal à s'endormir. Elle se demandait depuis combien de temps sa maman ne lui avait pas dit qu'elle était le plus merveilleux des oursons.

Le lendemain matin, lorsque Grande Ourse vint réveiller sa petite ourse, elle la trouva... cachée sous les couvertures!

– Qu'est-ce qui ne va pas? s'étonna-t-elle.

Pas de réponse. Au bout d'un long moment, Étoile Polaire demanda d'une toute petite voix :

– Si je n'apprends pas à nager aujourd'hui, est-ce que tu m'aimeras encore ?

Alors Maman souleva les couvertures et serra très fort sa petite ourse contre elle.

– Oh, Étoile Polaire ! s'écria-t-elle. Même si tu ne sais jamais nager, je t'aimerai toujours, aussi longtemps que durera l'océan !

Rassurée, Étoile Polaire bondit hors de son lit en faisant une galipette. Elle posa des questions pendant tout le petit-déjeuner.

À la fin de la matinée, les deux ourses se glissèrent doucement dans l'eau.

Au début, Étoile Polaire s'agrippa à la queue de Grande Ourse. Puis elle se détendit en se rappelant ce que Maman lui avait dit. Et sans même y penser, elle lâcha prise.

– Où es-tu ? s'écria Grande Ourse, affolée. Elle plongea très profondément pour la repêcher. Mais Étoile Polaire était introuvable !

Enfin, Grande Ourse refit surface.
– Je suis là ! cria Étoile Polaire, haletante. Et mes pattes ne s'enfoncent plus ! ajouta-t-elle avec fierté.

La petite ourse poussa un grand cri de joie en faisant éclabousser l'eau argentée.

– Regarde, Maman ! Je nage ! Je nage

Et sa voix parut retentir jusqu'à l'au
bout de l'océan !